ADMINISTRATION
GÉNÉRALE
DE L'ASSISTANCE
PUBLIQUE
A PARIS

RÉPUBLIQUE FRANÇAISE

LIBERTÉ-ÉGALITÉ-FRATERNITÉ

INAUGURATION DU DISPENSAIRE LÉON-BOURGEOIS

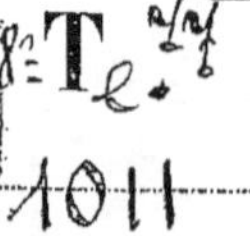

IMPRIMÉ PAR LES PUPILLES
DE LA SEINE, ÉLÈVES DE
L'ÉCOLE D'ALEMBERT,
A MONTÉVRAIN (S.-ET-M.)

12 décembre 1913

RÉPUBLIQUE FRANÇAISE

LIBERTÉ-ÉGALITÉ-FRATERNITÉ

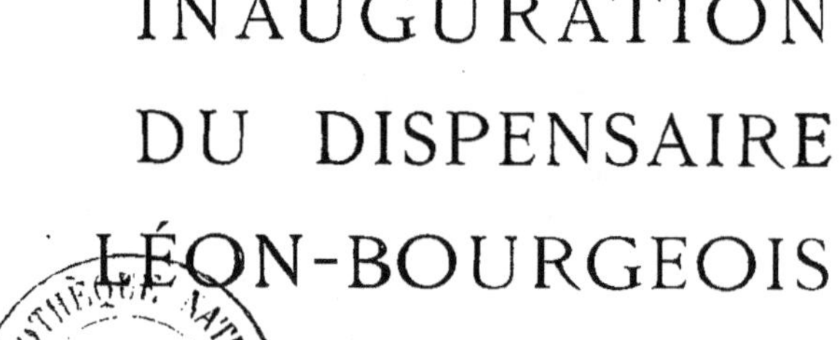

INAUGURATION DU DISPENSAIRE LÉON-BOURGEOIS

IMPRIMÉ PAR LES PUPILLES
DE LA SEINE, ÉLÈVES DE
L'ÉCOLE D'ALEMBERT,
A MONTÉVRAIN (S.-ET-M.)

12 décembre 1913

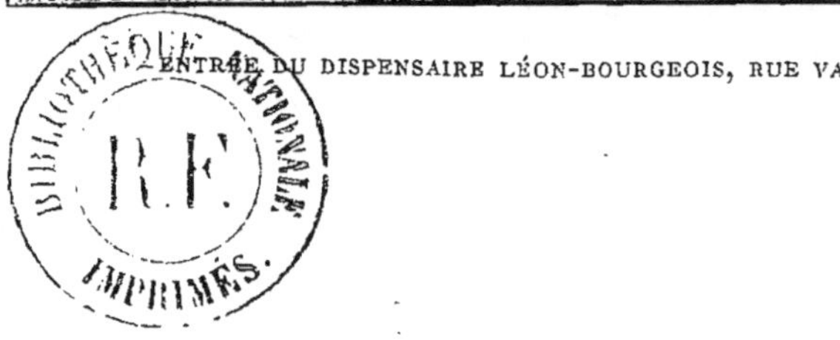

ENTRÉE DU DISPENSAIRE LÉON-BOURGEOIS, RUE VANEAU

L'inauguration du dispensaire Léon-Bourgeois, édifié sur les terrains de l'hôpital Laënnec, en bordure de la rue Vaneau, a eu lieu le vendredi 12 décembre 1913, à dix heures du matin, en présence de M. RAYMOND POINCARÉ, Président de la République.

Accompagné de M. WILLIAM MARTIN, directeur du protocole ; du général BEAUDEMOULIN, secrétaire général de la Présidence, et du colonel BOULANGÉ, M. le Président de la République a été reçu dans la cour d'honneur de l'hôpital par :

M. RAOUL PERET, sous-secrétaire d'État à l'intérieur ;

M. CHASSAIGNE-GOYON, président du Conseil municipal ;

M. M. DELANNEY, préfet de la Seine ;

M. HENNION, préfet de police ;

M. LE CORBEILLER, vice-président du Conseil municipal ;

M. ERNEST GAY, syndic ;

M. PAUL STRAUSS, sénateur, vice-président du Conseil de surveillance de l'Assistance publique ;

MM. LÉON BOURGEOIS, POIRRIER, RANSON, sénateurs ;

M. JEAN LEROLLE, député ;

M. G. MESUREUR, directeur de l'Administration générale de l'Assistance publique ;

M. H. GOULLEY, secrétaire général ;

M. ANDRÉ MESUREUR, chef du service de la direction ;

M. MATURIÉ, directeur de Laënnec, et les médecins chefs de service du dispensaire et des quartiers spécialisés :

M. le professeur LANDOUZY ;

MM. les docteurs LÉON BERNARD et RIST, médecins des hôpitaux.

Assistaient également à cette inauguration :

M. MAURICE QUENTIN, président du Conseil général ;

MM. AUCOC, DE PUYMAIGRE, DEVILLE, HENRI GALLI, ADRIEN MITHOUARD, ADRIEN OUDIN, PAYER, AMBROISE RENDU, conseillers municipaux ;

M. MARQUEZ, conseiller général ;

M. le docteur CHAUVEAU, président de l'Académie de médecine ;

M. FERLET, directeur du cabinet du préfet de la Seine ;

MM. les membres du Conseil de surveillance de l'Assistance publique : professeur POZZI ; docteur BARTH ; docteur BONNAIRE ; RISLER, maire du 7ᵉ arrondissement ; HERBET, maire du 6ᵉ arrondissement ; HONORÉ, POULET, BARBÉ, HARET ;

M. le professeur HARTMANN ; M. le docteur O. CROUZON, médecin des hôpitaux ;

M. F. VOISIN, vice-président honoraire du Conseil de surveillance de l'Assistance publique ;

MM. Barbizet et Béchet, inspecteurs principaux de l'Assistance publique ;

M. Beauvais, inspecteur ;

M. Belouet, architecte du dispensaire ; M. Desbrochers des Loges, ingénieur de l'Assistance publique ; M. Tisserand, économe de l'établissement ; M. Wauthier, visiteur principal attaché au dispensaire.

VUE DES BATIMENTS

Le cortège s'est d'abord dirigé vers le quartier spécial des tuberculeux, récemment aménagé à l'hôpital Laënnec. M. le Président a visité successivement les salles des services de M. le professeur Landouzy, et de MM. les docteurs Rist et L. Bernard, qui composent ce quartier spécial et comprennent 228 lits (hommes et femmes). La visite s'est continuée par les différentes localités du dispensaire : consultation, laboratoire, cure de repos, réfectoire, lingerie, enfin la salle des conférences où les discours suivants ont été prononcés :

Discours de M. Chassaigne-Goyon, président du Conseil municipal :

Monsieur le Président de la République,

Votre présence à cette cérémonie en souligne toute l'importance et en rehausse singulièrement l'éclat. Vous avez voulu donner à la municipalité et à la population parisiennes un nouveau témoignage du vif et agissant intérêt que vous portez à tous les efforts qui ont pour but le soulagement de la souffrance humaine. Je suis sûr de me faire le fidèle interprète des unanimes sentiments de l'une et l'autre, en vous exprimant notre respectueuse et profonde reconnaissance.

Je ne suis pas moins certain de traduire exactement leur pensée et, si je l'ose ajouter, la vôtre, Monsieur le Président, en rendant un hommage ému au philosophe, au philanthrope éminent dont nous avons désiré que le dispensaire inauguré aujourd'hui reçût le nom. Une santé toujours chancelante, loin de détourner M. Léon Bourgeois de la douleur des autres, n'a fait que l'incliner plus fraternellement vers elle. Apôtre éloquent et convaincu de la solidarité, il ne s'est pas contenté d'en établir la théorie, il a travaillé de tout son esprit et de tout son cœur à la faire passer dans la pratique. Dans la création de ce dispensaire, sa part a été prépondérante : il a été à la peine, qu'il soit à l'honneur. (*Applaudissements.*)

Messieurs,

Tout a été dit sur ce terrible péril social et national qu'est la tuberculose. Un chiffre en mesure l'horreur : sur 100 Français qui disparaissent de 29 à 39 ans, la tuberculose en tue plus de 42. Nouveau Minotaure, elle prélève sur notre race un tribut dont n'approchent pas les pires hécatombes guerrières. De ses innombrables victimes, combien auraient pu être sauvées par des soins préventifs ou curatifs pris à temps ? Une très forte proportion, sans nul doute, puisque la tuberculose est universellement rangée aujourd'hui parmi les maladies évitables ou guérissables au premier chef. Mais, Messieurs, s'il est peu de problèmes théoriquement plus simples que la lutte contre la tuberculose, il n'en est guère de pratiquement plus complexes et plus hérissés de difficultés. En effet, la tuberculose frappe surtout les classes pauvres, soumises à l'impérieuse nécessité du travail quotidien, ignorantes des règles élémentaires de l'hygiène, et parfois, hélas ! trop dénuées de ressources pour les suivre quand bien même elles le voudraient. Comment l'homme qui ne vit et ne fait fait vivre les siens que de son salaire pourrait-il s'accorder le loisir, le régime hygiénique et fortifiant qui arrêteraient le mal à son début ? Songera-t-il même à consulter le médecin pour des malaises qui d'abord ne diminuent pas sensiblement sa capacité de travail ? Et plus tard, lorsque le mal se sera déclaré, aura-t-il le courage de changer son genre de vie, de renoncer au cabaret, de s'astreindre à des habitudes régulières, de quitter les plaisirs de la ville pour la monotonie de la campagne ou pour la sévère discipline du sanatorium ? Ainsi le temps passe, et lorsque, enfin, le malade se présente à l'hôpital ou au dispensaire, sa santé est irrévocablement compromise, et, pendant de longs mois, il a semé autour de lui la contagion et la mort.

Bien des tentatives ont été faites, Messieurs, pour remédier à un si déplorable état de choses, mais ce n'est pas manquer à la justice que l'on doit à la bonne volonté et au dévouement de leurs initiateurs que de dire qu'elles ont toutes jusqu'ici présenté un caractère incomplet et fragmentaire. Le dispensaire ordinaire, l'hôpital, ne conviennent qu'à certains types, à certains stades de tuberculose. L'Office antituberculeux guide et conseille le malade, mais ne se charge pas de son traitement. Et ces œuvres, ces établissements dont aucun ne se suffit à lui-même ne sont pas coordonnés les uns aux autres de façon à se compléter réciproquement.

Pour que la lutte contre la tuberculose pût être entreprise et poursuivie de façon méthodique et vraiment efficace, il fallait que tous les instruments de cette lutte fussent groupés sous une direction unique et constituassent comme un seul organisme, assez complexe et assez souple pour s'adapter à tous les cas, à toutes les formes, à toutes les périodes de la maladie. Or, tels sont précisément, Messieurs, le caractère et la marque propre du dispensaire Léon-Bourgeois. Il réalise pour la première fois le type du dispensaire complet. Le malade qui s'y présente est sûr d'y être accueilli. Suivant son état, il recevra les médicaments qui lui permettront de se soigner à domicile, ou sera autorisé à venir passer ses journées au dispensaire même, à moins qu'il ne soit dirigé sur Brévannes, sur le sanatorium d'Angicourt, ou sur le quartier de l'hôpital Laënnec réservé aux tuberculeux. Une infirmière brevetée se rendra à son domicile pour faire l'éducation physique et prophylactique de sa famille. Son linge, son logement, seront désinfectés. Ses enfants seront protégés de la contagion, s'il en est temps encore, par leur envoi dans un des foyers de l'œuvre Grancher, ou soignés, s'il est nécessaire, à Hendaye ou à Brévannes. Bref, le mal sera cerné et traqué de toutes parts avec une systématique persévérance, jusqu'à sa complète extermination.

Messieurs, le dispensaire Léon-Bourgeois, depuis deux ans et demi qu'il existe, a fait ses preuves. Il représente l'œuvre la plus parfaite dont nous disposions pour mener le bon combat contre la tuberculose. Si nous voulons sauvegarder l'avenir de la race française, il faut que des dispensaires semblables surgissent sur tous les points du territoire. C'est à quoi tend une proposition de loi déposée par M. Léon Bourgeois et que le Parlement se fera sans nul nul doute un honneur d'adopter à bref délai. Le jour où cette loi sera entrée dans nos mœurs, le problème de la tuberculose n'existera plus, du moins à l'état de péril national. Ce jour-là sera un jour heureux pour la France — doublement heureux pour la Ville de Paris, puisqu'il lui aura été donné, suivant ses immémoriales traditions, de s'avancer une fois de plus la première dans la voie triomphale de la fraternité humaine. (*Vifs applaudissements prolongés.*)

Discours de M. DELANNEY, préfet de la Seine :

MONSIEUR LE PRÉSIDENT DE LA RÉPUBLIQUE,

L'administration de la Ville de Paris vous est reconnaissante d'avoir voulu que le premier « Dispensaire hospitalier » de notre pays soit inauguré par le Chef de l'État. Elle voit dans votre présence à cette cérémonie le plus haut témoignage dont puisse s'honorer l'œuvre à laquelle elle est fière de collaborer.

MESSIEURS,

De toutes les maladies, la tuberculose est peut-être la mieux connue dans sa genèse et dans ses effets ; elle est aussi la plus répandue et la plus meurtrière.

Sans doute la science, après avoir révélé la profondeur et l'étendue du mal, s'est efforcée de lui opposer de sûrs moyens de défense. Mais les progrès de la civilisation, en altérant pour les moins fortunés les conditions normales de l'existence, en multipliant les agglomérations, ne cessent d'aggraver les ravages de l'insidieux et redoutable fléau.

Pour conjurer le danger d'une contagion croissante, bien des méthodes ont été mises en œuvre. La meilleure est celle qu'a préconisée, vous savez avec quelle ardeur persuasive, l'homme éminent qui a mérité de donner à cet établissement modèle son nom, universellement respecté.

Je manquerais à un devoir de reconnaissance si je ne rappelais le rôle prépondérant joué par M. Léon Bourgeois dans les Congrès internationaux, à la Commission permanente de la tuberculose et plus spécialement au Conseil de surveillance de l'Assistance publique, où seule sa haute autorité pouvait imposer l'isolement, au sein des hôpitaux, des quartiers de tuberculeux.

Là ne devait pas s'arrêter son zèle. M. Léon Bourgeois se faisait encore l'initiateur d'un programme d'ensemble qui, en groupant les efforts les plus variés, a permis d'assurer leur plein succès. « Notre dispensaire, écrivait-il, dès l'année 1906, sera la grande consultation des tuberculeux liée à un double service d'hôpital urbain et suburbain..... Il sera le centre de notre action prophylactique et le point de mise en mouvement de notre action hospitalière. »

L'œuvre si nettement conçue est aujourd'hui réalisée. Les maîtres éminents qui assurent à l'hôpital Laënnec la direction des services de tuberculeux trouvent dans le nouvel établissement confié à leur sollicitude la plus solide des bases d'opération. C'est là qu'ils appellent à eux les malades de toutes catégories, soit pour les faire bénéficier de la « cure au dispensaire », soit pour les secourir au sein de leur famille, où de dévouées infirmières s'ingénient à mettre en œuvre les préceptes de l'hygiène ; c'est là que se concentre la vie de cet important organisme dont l'action bienfaisante rayonne vers le quartier de Laënnec, le pavillon de Brévannes, le sanatorium d'Angicourt. Et « l'Asile de la Ville de Paris », qui bientôt s'élèvera dans le calme de la pleine campagne, sera le couronnement d'un système dont s'affirme déjà l'efficacité.

L'administration de la Ville de Paris aura toujours à cœur de poursuivre une œuvre qui exige le concours de tant de bonnes volontés. Elle s'attache dès maintenant à résoudre un des problèmes les plus pressants de l'heure actuelle : celui de l'hygiène de l'habitation. Sur ce terrain et sur tous les autres elle revendique l'honneur de participer à la lutte dont M. Léon Bourgeois, au dernier Congrès d'hygiène, résumait lui-même le programme en cette belle formule :

« Il faut que contre les innombrables forces de la maladie et de la dégénérescence se fassent la concentration et la mobilisation de toutes les forces protectrices de la santé et la vie nationale. » (*Applaudissements prolongés.*)

Discours de M. G. MESUREUR, directeur de l'administration générale de l'Assistance publique :

MONSIEUR LE PRÉSIDENT,

MESSIEURS,

Le vieil hôpital dans lequel nous sommes réunis a subi des vicissitudes et des transformations nombreuses depuis qu'il existe. Sa fondation, qui remonte à l'an 1634, a pu être réalisée grâce aux libéralités testamentaires d'un prêtre modeste et inconnu, François Joulet de Châtillon, et de celles d'un prélat plus éclatant, le cardinal de La Rochefoucauld ; tous deux se rencontrèrent dans la pensée d'ouvrir « un hospital de maladyes incurables » pour recevoir les malades auxquels les autres hôpitaux fermaient leurs portes.

Quel rapprochement douloureux et saisissant de penser qu'après trois siècles d'une civilisation ininterrompue, notre incertitude soit encore si grande sur les destinées de la maladie qui frappe ceux qui se pressent si nombreux aux consultations de ce dispensaire ou occupent dans le quartier d'hôpital voisin les lits réservés à la tuberculose ! Mais nos prédécesseurs ont effacé ce mot d' « incurables », auquel nous ne voulons pas croire ; par une sorte de pressentiment mystérieux, ils ont inscrit, en 1878, au fronton de la rue de Sèvres, le nom glorieux de Laënnec ; il est pour nous une garantie et une espérance.

De Laënnec à Léon Bourgeois, une suite admirable d'efforts, d'études et de découvertes a mis enfin en pleine lumière l'horrible fléau qui nous désole. La science en a défini les causes, fixé les caractères multiples, dénoncé la contagiosité ; elle l'a fait descendre du piédestal poétique où nos pères s'étaient complu à le placer avec l'auteur des « Feuilles mortes », s'atten-

LES BATIMENTS DU DISPENSAIRE VUS DU JARDIN

drissant au récit de la consomption de la grisette de Henri Murger ou au spectacle de l'agonie de « la Dame aux camélias ».

Les noms de Laënnec et de Léon Bourgeois, que je viens de rapprocher à dessein, comme ils le seront désormais dans cet hôpital, synthétisent à mes yeux les collaborations nécessaires qu'il faut réunir, mobiliser, entraîner pour combattre le mal, pour le poursuivre dans ses repaires les plus cachés, non pas seulement dans la poitrine du malade, mais dans les taudis des villes, dans les masures sans air et sans lumière des campagnes, dans tous les milieux où l'insouciance, l'ignorance et l'égoïsme abritent les germes meurtriers qui font tant d'innocentes victimes. Il faut poursuivre le mal dans les mœurs et dire que la vertu individuelle n'est pas seulement une satisfaction de la conscience, mais qu'elle est génératrice de vie, que celui qui se livre à l'alcoolisme, à la débauche, qui abandonne son intérieur à la misère et à toutes ses conséquences d'abandon moral, de malpropreté physique et de maladies, celui-là est un malfaiteur, une menace pour tous, en raison des liens d'étroite solidarité qui unissent les membres du corps social. Au médecin qui, comme Laënnec, penché sur le malade, découvre à un souffle à peine perceptible la maladie naissante, ou qui, par l'auscultation peut tracer le schéma des ravages qu'elle a déjà accomplis dans nos poumons, est venu se joindre chez nous celui qui, par l'autorité de son caractère et de sa parole, par la passion douloureuse qu'il a mise à combattre la tuberculose, a enfin éveillé l'attention des pouvoirs publics et ébranlé l'insouciance des foules. Celui-là, vous le connaissez tous, c'est celui que les passions momentanées du peuple intéressent moins que les souffrances et les fatalités qui pèsent sur ce peuple ; c'est celui qui a horreur de toutes les destructions et qui tremble pour les vies humaines, aussi bien sur les champs de bataille que dans le champ de la misère.

C'est parce que cette rencontre heureuse de la science médicale et de la science sociale s'est réalisée à l'Assistance publique de Paris que nous pouvons inaugurer ce dispensaire. Vocable bien insuffisant pour définir cet organisme et faire comprendre la grandeur de son but.

C'est le 15 février 1906 que M. Léon Bourgeois présentait au Conseil de surveillance son rapport sur l'isolement et le traitement des tuberculeux ; depuis 1896, avec la collaboration des représentants les plus éminents du corps médical des hôpitaux, l'Assistance publique poursuivait des études que la différence des dates nous montre longues et laborieuses ; la circulaire ministérielle du 15 janvier 1904 prescrivant impérativement l'isolement des tuberculeux dans les hôpitaux devait, dans la pensée de l'administration, mettre fin aux hésitations et aux divergences de vues qui s'étaient manifestées entre elle et les médecins ; l'accord ne se fit pas immédiat, mais M. Léon Bourgeois, qui venait, sur ma demande, d'entrer au Conseil, prit la direction de la lutte contre la tuberculose chez nous comme à la grande Commission de préservation du ministère de l'intérieur, et le jour vint où celui qui a donné son nom à cette maison, synthétisant les tentatives déjà faites, les expériences et les efforts réalisés au dehors, dégageant des incertitudes, des contradictions et des résistances les données lumineuses du problème, fixant les conditions administratives, médicales et sociales de la lutte, nous a apporté la formule d'où est sorti de toutes pièces l'armement antituberculeux dont ce dispensaire est comme le cerveau et le régulateur central.

Cette formule ne veut pas qu'on soumette le malade à une organisation d'assistance uniforme et routinière ; elle exige, au contraire, que l'assistance se prête à toutes les modalités de cette maladie et s'adapte généreusement à la situation physique et sociale du malade.

Assistance à domicile qui consiste à rendre le logis propre, à faire l'éducation du malade et des siens, à sauver les enfants de la contagion par l'envoi à la campagne, à donner des secours pour atténuer le chômage, à ramener l'espoir par des visites fréquentes.

Assistance au dispensaire, surveillance médicale du malade, cure de repos et cure morale, alimentation, linge propre.

Assistance hospitalière dans les périodes de crises et les poussées de fièvre.

Assistance au sanatorium ou à l'hôpital suburbain de convalescence ; et, partout, appel à la propreté et à la lumière, à la beauté et à la bonté de la nature, avec son grand air pur et son soleil généreux.

Les travaux du dispensaire et du quartier spécial d'hôpital, commencés le 5 août 1907, furent terminés le 1er décembre 1910, date de l'ouverture du dispensaire ; ils avaient coûté, avec le mobilier, 1.370.000 francs, sur lesquels le gouvernement a contribué, sur les fonds du Pari mutuel, pour une somme de 500.000 francs. Nous lui en exprimons notre reconnaissance.

Cette reconnaissance, nous l'exprimons également au Con-

LE RÉFECTOIRE DU DISPENSAIRE

SALLE DE REPOS DU DISPENSAIRE

seil municipal dont la générosité est toujours en éveil lorsqu'il s'agit des souffrances du peuple de Paris.

A l'ouverture de ce dispensaire se rattache le souvenir de l'éminent professeur Dieulafoy, quittant l'Hôtel-Dieu dans la plénitude de ses facultés et de sa science médicale ; assidu chaque jour, et jusqu'à sa mort, à la tâche qu'il avait accepté avec joie, il assura le succès de notre entreprise ; l'isolement des tuberculeux n'est plus une impossibilité, la spécialisation des services ne diminue pas la valeur et l'autorité médicale des chefs qui les dirigent.

Il faut maintenant répondre aux besoins de la population parisienne que ce dispensaire est impuissant à satisfaire seul ; dans quelques jours nous commencerons, à Cochin, la construction d'un nouvel établissement sur le programme tracé par M. Léon Bourgeois.

D'autres devront suivre encore et nous nous hâterons, car il faut étendre nos bienfaits plus vite que la maladie n'étend ses ravages, et je souhaite, Monsieur le Président, que pendant votre magistrature vous reveniez souvent nous faire l'honneur d'inaugurer des dispensaires Léon-Bourgeois. (*Applaudissements répétés.*)

Discours de M. Léon Bourgeois :

Monsieur le Président,

M. le Président du Conseil municipal, M. le Préfet de la Seine et M. le Directeur de l'Assistance publique vous ont montré quelle pouvait être l'importance sociale de l'œuvre que vous inaugurez aujourd'hui et quel espoir nous donne, pour le rayonnement des idées qui ont présidé à sa fondation, l'honneur que vous nous faites en assistant à cette cérémonie et en y prenant la parole.

Qu'aurais-je à dire après eux ? Ils ont tout dit ; ils m'ont laissé cependant le soin de remercier les véritables auteurs de l'œuvre, réunis autour de vous. Je vous demande donc la permission d'apporter à M. le Préfet de la Seine, au Conseil municipal de Paris, qui s'est montré particulièrement généreux, et au Conseil de surveillance de l'Assistance publique qui, sous la présidence de notre ami Paul Strauss, poursuit, depuis tant d'années, l'étude de cette création avec la ténacité et l'indépendance qu'il a mises au service du bien public, le témoignage de gratitude, les remerciements de ceux que nous soignons : les malades et les malheureux.

J'adresserai des remerciements plus directs aux ouvriers immédiats et les plus actifs de l'œuvre, tout d'abord à M. Mesureur, mon cher et vieil ami, qui, avec son énergie souriante, sa patience tranquille, poursuit inlassablement son effort, même quand il semble céder aux difficultés du moment, et plus qu'aucun autre a ainsi contribué à faire triompher notre cause. Je veux associer au nom de M. Gustave Mesureur le nom de son fils, M. André Mesureur, son collaborateur et le mien, et qui a été l'organisateur méthodique de toutes les mesures extrêmement minutieuses que comporte l'exécution d'un large plan d'ensemble.

Je veux remercier aussi les chefs de service et les chirurgiens, les médecins et au premier rang d'entre eux M. le professeur Landouzy, doyen de la Faculté de médecine, qui a été pour nous comme un apôtre de la première heure. Un apôtre, je le dis bien, car il n'a pas seulement contribué à la transformation merveilleuse de cette vieille maison, dont les salles ont pris, comme vous le disiez tout à l'heure, Monsieur le Président, un aspect joyeux, il a été un convertisseur. Il était nécessaire, au début, qu'un des grands chefs de la Faculté se fît le représentant du corps médical pour témoigner que le service de la tuberculose, outre sa valeur d'humanité, comporte une valeur d'études scientifiques qui ne le rend inférieur à nul autre et fît ainsi disparaître le préjugé auquel nous nous sommes si longtemps heurtés.

Auprès de lui, je remercie MM. Léon Bernard et Rist, les deux chefs de service du dispensaire. Ils ont prouvé pratiquement l'intérêt et l'utilité d'un service purement et simplement tuberculeux et qu'il y avait là, pour de jeunes médecins, un champ admirable où ils pouvaient montrer leurs aptitudes et leur dévouement. Il me semble qu'ici c'est mon devoir de reporter vers ceux qui le méritent l'éloge qu'on avait à tort adressé à un seul.

Je ne me bornerai pas à citer seulement nos maîtres, mais j'associerai à leurs noms ceux de leurs collaborateurs modestes : M. Wauthier, le visiteur principal du dispensaire, Mesdames les visiteuses et infirmières qui ont donné les preuves du dévouement le plus éclairé, le plus passionné en même temps.

Si l'on a pu vous dire, Monsieur le Président, que ce

SOUS BOIS, A PEINS (SEINE-ET-OISE)

Photo Laroze

dispensaire ne ressemblait pas à tous les autres, c'est que son rôle est particulièrement étendu.

Au dispensaire même, le malade est, à son arrivée, dirigé sur le service de consultations, service important puisque 23.000 consultations ont été données depuis l'ouverture du dispensaire. Suivant son état, le malade reçoit des conseils, des soins et peut être admis, s'il habite dans la circonscription du dispensaire, au bénéfice de l'assistance. On ne pouvait pas, en effet, songer à étendre ce bénéfice à l'ensemble de la population parisienne. Le nombre des malades est malheureusement trop grand, et l'action du dispensaire eût risqué, à vouloir les secourir tous, d'être pratiquement impossible.

Une fois le malade reconnu tuberculeux et inscrit sur nos registres, le dispensaire charge d'abord un de ses agents extérieurs, visiteur ou visiteuse, de se rendre au domicile de l'assisté en vue de lui donner, et de donner à sa famille, des conseils élémentaires de prophylaxie, d'hygiène et de propreté nécessaires pour réduire au minimum les risques de contagion. Le visiteur ou l'infirmière s'enquiert amicalement de la situation et des besoins du malade ou de sa famille, et, s'il le juge utile, il provoque l'intervention des services généraux de l'Assistance publique. Une visite administrative détermine alors le degré d'intérêt que le malade présente et le montant du secours qu'il doit recevoir. Combien de difficultés ont été déjà résolues dans cette tâche extérieure du dispensaire ! Il y a quelques jours j'écoutais ici même la lecture de lettres échangées entre les familles malheureuses et les visiteurs, et je remarquais quelles relations confiantes, affectueuses même, s'étaient établies entre eux. Ce sont ces relations imprégnées de sentiments si humains qui expliquent l'influence vraiment salutaire du personnel sur les malades.

Déjà le rôle du dispensaire d'autrefois s'est précisé et prolongé. Mais, lorsqu'on est allé dans la famille, que l'on a donné les premiers secours et les conseils, la tâche est seulement commencée. Ou le malade faiblement atteint peut être laissé dans sa famille et alors il reste simplement sous la surveillance des visiteurs et des médecins ; ou son état étant plus grave et les ressources de la famille plus restreintes, il est admis à la cure de dispensaire.

Vous avez traversé les salles largement éclairées et aérées où les malades, auxquels est accordé le régime dit de la demi-pension, reposent silencieusement sur des chaises longues, de huit heures et demie du matin à cinq heures et demie du soir. Ils reçoivent deux repas et une indemnité de o fr. 5o à 1 fr. 5o pour subvenir à leur déplacement et à leur logement.

Mais ceci est encore insuffisant. On ne peut soigner le tuberculeux en se désintéressant de sa famille. C'est pourquoi celle-ci bénéficie non seulement des secours qui peuvent par notre intermédiaire leur être attribués sur les fonds des bureaux de bienfaisance ou provenant des propres fonds affectés à notre service, mais encore d'une série d'aides diverses sous forme d'alimentation, de vêtements, de désinfection, tendant toutes à améliorer l'hygiène de la famille.

D'autre part, toute une série de mesures sont prises en faveur des enfants. S'ils ne présentent encore aucune trace de contagion, l'œuvre Grancher, où nous bénéficions de 100 bourses, nous permet d'isoler l'enfant encore sain, de le placer à la campagne, dans les meilleures conditions d'hygiène et sous la surveillance d'un médecin. Les enfants simplement anémiés et pour lesquels l'isolement ne s'impose pas peuvent être envoyés par nous dans des colonies de vacances. Enfin, pour ceux qui sont déjà contaminés, le sanatorium de Hendaye nous offre toutes ses ressources.

Donc, action sur le malade, action sur sa famille, action sur son logis, et apercevez cette conséquence, action extérieure sur les maisons, le quartier et la ville elle-même. Car les renseignements que nous prenons sur les malades, les fiches que nous dressons, nous les utilisons dans l'intérêt public. Mille fiches ont été ainsi établies, qui sont à la fois des fiches personnelles renseignant le service médical sur l'état de santé et les antécédents du malade ; le service administratif sur la situation de la famille, et le service de la statistique de la Ville sur l'état social du malade, et par conséquent du quartier et de la Ville elle-même. Une véritable information sanitaire s'établit, dont la valeur est telle que l'on a pu en déduire, comme l'a fait M. Juillerat, dont vous connaissez tous les importants travaux, la nécessité d'une action publique de plus en plus énergique et précise.

Qu'y a-t-il encore d'essentiel dans l'œuvre ? Ce dispensaire n'est pas isolé ; il se rattache à toute une action d'ensemble, à tout un plan général de lutte contre la tuberculose ; là est le fait véritablement nouveau. Ce que nous voudrions, c'est

que ce que l'on a appelé « le dispensaire hospitalier » soit
compris de telle façon « qu'il possédât ou procurât toute
l'aide médicale et l'aide sociale à l'individu tuberculeux », à
n'importe quel moment de sa maladie, depuis la période qui
précède le commencement de cette maladie jusqu'au jour
heureux de la guérison ou jusqu'au jour fatal de la mort, de
manière qu'il n'ait pas été un seul instant privé, soit de cette
aide médicale, soit de cette aide sociale.

Il doit se passer ici quelque chose d'analogue à ce qui se

LA MARE-PLATE, A FLINS (SEINE-ET-OISE)

passe dans l'armée. La liaison des différentes armes est la
condition de la victoire. Il faut lier les différents instruments
d'action ; il faut que cette liaison existe à tous les moments
de la bataille, c'est-à-dire à toutes les heures de la vie. Cette
liaison, nous nous sommes efforcés de la créer dans ce type
de dispensaire hospitalier ; liaison de la maison du malade
avec le dispensaire, liaison du service intérieur du dispensaire
avec les services intérieurs des quartiers spéciaux de l'hôpital
lui-même et avec des hôpitaux suburbains ou asiles-abris. A
l'hôpital Laënnec, on a créé des quartiers de tuberculeux com-
prenant 226 lits, et comme les trois chefs de service du dispensaire sont en même temps les chefs de service de ces

quartiers, ils peuvent y faire entrer leurs malades. En dehors de Paris, comme service suburbain, nous avons Brévannes, où sont envoyés ceux de nos malades dont le séjour dans un air meilleur est jugé indispensable. Plus loin encore, nous avons le sanatorium d'Angicourt et des sanatoriums privés comme La Rue où nous faisons un certain nombre de placements. Bientôt, enfin, grâce à un legs récent, nous aurons un asile important à Flins, à une certaine distance des Mureaux.

Par une série d'actions méthodiques, le malade aura, à toutes les heures de sa maladie, le régime et le placement qui lui conviendront le mieux : chez lui, au dispensaire, à l'hôpital, dans un sanatorium.

C'est cette coordination des efforts que notre éminent doyen, M. le professeur Landouzy, a voulu exprimer tout à l'heure de façon originale en me remettant ce petit papier sur lequel il a dessiné une main — que j'appellerai la « main de Landouzy » — et qui montre comment, vers chacune des extrémités de ses doigts, rayonne l'action centrale, qui vient non seulement du poignet, mais de la tête et du cœur, pour porter secours au malade à tous les degrés de sa maladie, pour préserver et protéger la famille, la maison, le quartier et la ville.

Mais ce qui est réalisé n'est qu'un exemple trop limité. La méthode est trouvée. Elle est très simple, mais elle exige beaucoup d'efforts et beaucoup d'argent. Nous n'avons pu jusqu'à présent agir que dans un cercle restreint ; il est nécessaire maintenant de créer partout dans Paris des centres d'action et de combat comme celui-ci.

J'espère que, prochainement, sera réalisé le projet qui prévoit la création d'un nouveau dispensaire, analogue à celui-ci, à l'hôpital Cochin, où, depuis l'an dernier déjà, des quartiers spéciaux pour tuberculeux ont été aménagés. D'autres initiatives devront être prises à Paris. Mais cela suffira-t-il ? Il importe que tout le pays puisse s'armer pour la lutte contre la tuberculose par l'union de tous les services d'assistance et d'hygiène. C'est ce qui nous a décidés, avec mes collègues Ribot, Ferdinand Dreyfus, Lourties, et particulièrement Paul Strauss — que je suis heureux de saluer ici et de féliciter, car il a été l'un des promoteurs de la lutte — à déposer au Sénat une proposition de loi qui tend à faciliter et à encourager les ententes des divers services, des communes, des départements et de l'État, pour la création et le fonctionnement de dispensaires.

C'est une tentative de cette sorte que nous avons essayé de réaliser à Paris, avant le vote de notre proposition, grâce au concours du Conseil municipal qui, je l'espère, n'hésitera pas à renouveler les efforts qu'il a consentis.

Nous vous sommes, Monsieur le Président, profondément reconnaissants de votre visite. Elle est pour le personnel admi-

DANS LE PARC DE LA MARE-PLATE, A FLINS (SEINE-ET-OISE)

rable de l'Assistance un haut encouragement à poursuivre sa tâche d'abnégation et de dévouement éclairé et elle donne une approbation éclatante à l'œuvre d'organisation méthodique qu'il est indispensable de poursuivre pour le salut de notre pays. (*Longs applaudissements.*)

Discours de M. le Président de la République :

MESSIEURS,

Je m'étais promis, depuis plusieurs mois déjà, de visiter ce bel établissement, qui porte un nom si cher à la démocratie et qui réalise, sous la forme la plus heureuse, une conception nouvelle de prophylaxie, d'assistance et d'hospitalisation.

Nul n'a, en ces dernières années, dénoncé avec plus de vigueur et d'insistance que mon éminent ami M. Léon Bourgeois les ravages que fait la tuberculose dans la population des grandes villes ; nul, mieux que lui, n'a prouvé que la société avait le devoir impérieux de protéger, tout à la fois, l'individu encore sain contre le milieu contaminé et le milieu indemne contre l'individu déjà malade ; nul n'a plus lumineusement montré que l'efficacité de cette protection nécessaire dépendait surtout de l'isolement des tuberculeux.

Dans le remarquable rapport qu'il adressait, en février 1906, au Conseil de surveillance de l'Assistance publique, M. Léon Bourgeois traçait avec clarté le programme général de la campagne à entreprendre. La méthode qu'il recommandait et qui a reçu, bientôt après, l'approbation du Conseil municipal et de l'administration, a trouvé sa première application dans le fonctionnement de ce dispensaire et des services qui y sont rattachés.

Organiser, en faveur des tuberculeux, une grande consultation hospitalière accessible à tous ceux qui se sentent atteints ou menacés ; ne se point borner à recevoir et à examiner le malade pauvre ; s'empresser d'aller à lui et de pénétrer chez lui ; recueillir des renseignements précis sur les ressources de la famille et sur l'état du logement ; donner aux intéressés des conseils d'hygiène et de propreté ; assainir le foyer ; préserver de la contagion la femme et les enfants ; assister, au dispensaire même, un certain nombre de malades ; leur permettre de passer le temps, sous la surveillance de médecins, dans des locaux bien aérés ; distribuer des secours individuels et des secours de famille ; ouvrir, en connexion étroite avec ce dispensaire, un quartier d'hôpital, spécialement affecté à la tuberculose ; compléter l'ensemble de ces organes protecteurs par l'installation d'un hôpital suburbain ; établir entre ces divers services l'unité administrative et médicale ; donner au dispensaire une sorte de pouvoir régulateur ; laisser à une même direction le soin de décider si le malade doit être soigné chez lui, admis à l'hôpital parisien ou envoyé à la campagne :

voilà, brièvement rappelées, les mesures essentielles que conseillait, il y a sept ans, M. Léon Bourgeois ; voilà la tâche féconde que vous avez, Messieurs, victorieusement accomplie.

Dans cette œuvre de préservation et de salut, le personnel administratif, le corps médical, les infirmiers et les infirmières ont rivalisé d'activité, de courage et de dévouement.

Il m'est très agréable de vous apporter aujourd'hui, à tous, les félicitations du gouvernement de la République.

Lorsque l'on connaît, comme moi, par de douloureuses enquêtes quotidiennes, l'étendue du mal insidieux et tenace qui envahit sournoisement tant de logements ouvriers, on ne peut se défendre d'un sentiment de tristesse et d'effroi ; mais, dès qu'on reporte sa pensée sur les généreux efforts qui sont tentés aujourd'hui par tant d'hommes de bien, on se sent, malgré tout, réconforté et rassuré ; et l'on admire, une fois de plus, les services que rendent sans cesse au pays la science et l'esprit de solidarité. (*Double salve d'applaudissements.*)

A l'issue de la cérémonie un bouquet a été offert par une infirmière brevetée de l'École des infirmières de l'Assistance publique, attachée au service du dispensaire.

Avant de quitter le dispensaire, M. Raymond Poincaré a laissé une somme de 5oo francs pour les malades du dispensaire hospitalier.

A onze heures, la cérémonie était terminée.